# ALCIONE,

## *TRAGEDIE;*

### REPRE'SENTE'E POUR LA PRE'MIE'RE FOIS

### PAR L'ACADEMIE ROYALE

## DE MUSIQUE,

Le Jeudy dix - huitiéme Février 1706.

### A PARIS,

Chez CHRISTOPHE BALLARD, feul Imprimeur du Roy
pour la Mufique, ruë S. Jean de Beauvais, au Mont-Parnaffe.

### M. DCCVI.
*Avec Privilege de Sa Majeffé.*

## LE PRIX EST DE TRENTE SOLS.

# PERSONNAGES
## DU PROLOGUE.

TMOLE,         Monfieur Hardoüin.

APOLLON,       Monfieur Cochereau.

LES MUSES,

PAN,                Monfieur Dun.

*TROUPE de Faunes, & de Dryades.*

*TROUPE de Bergers, de Bergeres, & de Paſtres.*

*UNE Bergere,*       Mademoiſelle Pouſſin.

---

## NOMS DES ACTRICES, ET DES ACTEURS
*chantants dans tous les Chœurs du Prologue, & de la Tragedie.*

### MESDEMOISELLES.

| | | | |
|---|---|---|---|
| Cénet. | Baſſet. | Dujardin. | Cochereau. |
| Dupeyré. | Vincent. | Pouſſin. | Aubert. |
| Duval. | Loignon. | Demerville. | Beſſin. |
| Guillet. | | Joubert. | |

### MESSIEURS.

| | | | |
|---|---|---|---|
| Prunier. | La Coſte. | Dacqueville. | Lebel. |
| Courteil. | Cadot. | Defvoys. | Boutelou-fils. |
| Solé. | Jolain. | Mantienne. | Perere. |
| Renard. | Bertrand | Alexandre. | Paris. |
| Fournier. | | Le Jeune. | |

# DIVERTISSEMENT
## du Prologue.

### FAUNES,

Monsieur Balon.

Messieurs Ferrand, Blondy, Dangeville-L.,
D-Dumoulin, Marcel, & Javilliers.

### BERGERS,

Messieurs Germain, H-Dumoulin, F-Dumoulin,
P-Dumoulin, & D-Dumoulin.

### BERGERES,

Mesdemoiselles Dangeville, Bassecour, Guyot,
Saligny, & Lecomte.

# PROLOGUE.

Le Théatre repréfente le Mont-Tmole. Des Fleuves & des Nayades appuyées fur leurs Urnes,
occupent la Montagne, & forment une efpece
de cafcade.

## TMOLE.

*Pollon, & le Dieu des Bois*
*Vont difputer icy pour le prix de la voix.*

*Les Nayades viennent s'y rendre :*
*J'y voy déja couler mille nouvelles eaux ;*
*Des Forefts d'alentour les amoureux Oyfeaux*
*S'y raffemblent pour les entendre.*

*Echo, tu fçais déja tous les chants de ces Dieux ;*
*Pour les entendre encor, cache-toy dans ces lieux.*

## CHOEUR DES FLEUVES.

*Echo, tu fçais déja tous les chants de ces Dieux ;*
*Pour les entendre encor, cache-toy dans ces lieux.*

PAN vient d'un côté avec une Troupe de Faunes & de Dryades,
qui vont fe placer en danfant au bas de la Montagne. APOLLON
vient de l'autre côté avec les Mufes.　　　é

### T M O L E.

Commencez un combat à jamais mémorable.
Je dois, par vôtre choix, couronner le Vainqueur ;
    Je vais meriter cet honeur,
    Par un jugement équitable.

PAN commence la difpute, & chante la Guerre.

Fuyez, Mortels, fuyez un indigne repos ;
Non, ne vous plaignez plus des horreurs de la guerre,
    Elle vous donne les Heros,
    Elle fait les Dieux de la Terre.

    Courez, affronter le trépas,
    Allez, jouir de la Victoire ;
Sur fon front couronné, qu'elle étale d'appas !
L'affreufe Mort qui vole au devant de fes pas
    Fait naître l'immortelle Gloire.

APOLLON chante la Paix, & l'Echo répond
    à fes chants.

Aimable Paix, c'eft toy que célébrent mes chants !
Defcend, vien triompher du fier Dieu de la Thrace,
Tout rit à ton retour, tout brille dans nos champs,
Dés que tu difparois, tout l'éclat s'en efface.

Regne, Fille du Ciel, mets la Difcorde aux fers ;
Que le bruit des tambours, dont la Terre s'allarme,
    Ne trouble plus nos doux concerts.
Heureux, heureux cent fois le Vainqueur qui ne s'arme,
    Que pour te rendre à l'Univers.

CHŒUR des MUSES, des FLEUVES,
& des NAYADES.

*Regne, Fille du Ciel, mets la Discorde aux fers;*
*Heureux, heureux cent fois le Vainqueur qui ne s'arme,*
*Que pour te rendre à l'Univers.*

### TMOLE à PAN.

*A vos chants immortels, quel cœur n'est pas sensible?*
*Mais les siens plus puissants m'ont encore plus flaté:*
*J'ay crû Pan invincible,*
*Tant qu'Apollon n'a pas chanté.*

### PAN.

*Puisqu'à sa foible voix vous vous laissez surprendre;*
*Non, vous n'entendrez plus mes chants harmonieux:*
*Je vais chercher ailleurs des Dieux,*
*Qui soient plus dignes de m'entendre.*

Il se retire avec ses Faunes.

### APOLLON.

*Accourez, Habitants de ces prochains Boccages,*
*Bien-tôt la Paix va revoir ce séjour;*
*Venez-en goûter les présages,*
*Et préparez icy vos jeux pour son retour.*

Une Troupe de Bergers, & de Bergeres témoignent
leur joye de ce que leur prédit APOLLON.

## UNE BERGERE.

*Le doux Printemps ne paroît point sans Flore,*
*L'aimable Paix ne vient point sans l'Amour:*
*Dans ce beau jour*
*Que d'ardeurs vont éclore!*
*L'Amour, & la Paix*
*Se pretent mille attraits.*

On danse.

## LA BERGERE & LE CHOEUR alternativement.

*Pour nos hameaux quitte Cythere;*
*Charmant Amour, garde-nous tes faveurs,*

*Fay-nous aimer de qui sçaura nous plaire,*
*D'un seul trait blesse toûjours deux cœurs.*

## APOLLON.

*Qu'un spectacle charmant signale ma victoire,*
*Muses, des Alcions renouvellez l'histoire.*

*A l'onde soulevée, ils rendent le repos,*
*Et des vents en fureur, ils terminent la guerre:*
*Puisse regner sur la terre*
*La Paix qu'ils rendent aux flots!*

## CHOEUR.

*A l'onde soulevée, ils rendent le repos,*
*Et des vents en fureur ils terminent la guerre:*
*Puisse regner sur la terre*
*La paix qu'ils rendent aux flots!*

## FIN DU PROLOGUE.

# ACTEURS

## DE LA TRAGEDIE.

CEIX, *Roy de Trachines*,     M<sup>r</sup> Boutelou-fils.

ALCIONE, *Fille d'Eole*,     M<sup>elle</sup> Defmâtins.

PELE'E, *Amy de Ceix*,     Monfieur Thevenard.

PHORBAS, *Magicien*,     Monfieur Dun.

ISMENE, *Magicienne*,     Mademoifelle Dupeyré.

DORIS,  
CEPHISE, { *Confidentes d'Alcione*,     M<sup>elle</sup> Pouffin.  
                                M<sup>elle</sup> Loignon.

LE GRAND PRESTRE *de l'Hymen*, M<sup>r</sup> Hardoüin.

CHEF *des Matelots*,     Monfieur Hardoüin.

UN MATELOT,     Monfieur Mantienne.

UNE MATELOTE,     Mademoifelle Aubert.

LA PRESTRESSE *de Junon*,     M<sup>elle</sup> Dujardin.

LE SOMMEIL,     Monfieur Choplet.

PHOSPHORE, *Pere de Ceix*,     Monfieur Lebel.

NEPTUNE,     Monfieur Hardoüin.

*SUITE de Ceix, & d'Alcione.*

*UN SUIVANT DE CEIX,*     Mr Boutelou.

*SUITE du Preſtre de l'Hymen.*

*TROUPE de Magiciens, & de Magiciennes.*

*TROUPE de Matelots.*

*TROUPE de Zephirs, & de Songes.*

*TROUPE de Divinitez de la Mer.*

La Scene eſt à Trachines.

# DIVERTISSEMENTS
## de la Tragedie.

---

## PREMIER ACTE.
### SUIVANTS DE CEIX,

Monſieur Dangeville-L.

Meſſieurs Germain, Ferrand, Blondy, H-Dumoulin,
Dumirail, P-Dumoulin, Javilliers,
& Marcel.

### EOLIENNES,

Meſdemoiſelles Dangeville, Baſſecour, Saligny,
& Lecomte.

---

## SECOND ACTE.
### MAGICIENS,

Monſieur Blondy.

Meſſieurs H-Dumoulin, Ferrand, P-Dumoulin,
& D-Dumoulin.

### MAGICIENNES,

Meſſieurs Dumirail, Dangeville-L., Javilliers,
& Dangeville-Cadet.

## TROISIE'ME ACTE.

### *FESTE MARINE.*

### QUATRE JOUEURS DE TAMBOURINS,

Messieurs Blondy, Ferrand, Dangeville-L.,
& Dangeville-C.

### QUATRE MATELOTS,

Messieurs F-Dumoulin, P-Dumoulin, D-Dumoulin,
& Dumirail.

### QUATRE MATELOTTES,

Mesdemoiselles Provost, Guyot, Saligny, & Mangot.

## QUATRIE'ME ACTE.

### PRESTRESSES,

Mesdemoiselles Dangeville, Bassecour, Provost, Guyot,
Saligny, & Lecomte.

## CINQUIE'ME ACTE.

### TRITONS,

Monsieur Balon.
Messieurs F-Dumoulin, P-Dumoulin, D-Dumoulin,
Dangeville-L., Dumirail, & Dangeville-C.

### NEREYDES,

Mesdemoiselles Provost, Guyot, Saligny, Lecomte,
Carré, & Thiery.

ALCIONE.

# ALCIONE,
## *TRAGEDIE.*

## ACTE PREMIER.

Le Théatre repréfente une Gallerie du Palais
de CEIX, terminée par un endroit du Palais
confacré aux Dieux.

## SCENE PREMIERE.

### PELE'E, PHORBAS.

#### PHORBAS.

VOUS voyez le Palais où l'hymen d'Alcione
Va combler les defirs de vôtre heureux Rival.
Déja la pompe s'en ordonne
Et le moment approche…

#### PELE'E.

Ah! quel moment fatal!

A

PHORBAS.

*Seigneur, il faut troubler cette odieuse feste ;*
*Tout l'enfer conjuré m'a promis son secours :*
*Et ce jour qu'ils ont crû le plus beau de leurs jours*
*Va bien-tôt devenir….*

PELE'E.

*Arreste.*

*Tu sçais ce que je dois au Roy,*
*Banni de ma patrie, & teint du sang d'un Frere,*
*Funeste objet des fureurs d'une Mere :*
*Luy seul à sa vengeance, il s'exposa pour moy.*

*Sa cour fut mon unique azile,*
*Alcione à ses jours alloit unir son sort.*
*Dieux ! je ne pus la voir avec un cœur tranquile ;*
*Vertu, gloire, raison, tout me fut inutile,*
*Mon amour combattu n'en devint que plus fort.*

*Un monstre que la mer vomit, contre mon crime*
*Suspendit cet hymen dont j'étois si jaloux ;*
*Et ce peuple en seroit encore la victime,*
*S'il n'étoit tombé sous mes coups.*

PHORBAS.

*Laissez-moy ranimer ce monstre redoutable ;*
*Qu'il rompe encor de si funestes nœuds.*

PELE'E.

*Non, ne me rends point plus coupable,*
*Non, laisse-moy mourir, laisse-les vivre heureux.*

*Abandonne mon cœur au feu qui le consume,*
*D'un hymen que je crains, pourquoy me garentir?*
*C'est par moy qu'aujourd'huy son flâmbeau se rallume,*
*Je ne veux point m'en repentir.*

*Trop malheureux Pelée, helas! quelle est ta peine?*
*Je ne me connois plus, & mon ame incertaine*
*Forme en un même instant mille vœux opposez.*
*Trop malheureux Pelée, helas! quelle est ta peine?*

### PHORBAS.

*J'oseray plus pour vous, Seigneur, que vous n'osez.*
*C'est assez répandre de larmes,*
*Et vôtre cœur n'a que trop combatu;*
*Ismene, & moy, nous allons par nos charmes*
*Secourir vôtre amour contre vôtre vertu.*

### PELE'E.

*Arreste… on vient. O Ciel! à quoy me réduis-tu?*

## SCENE DEUXIE'ME.

### ALCIONE, CEIX,

Troupe d'EOLIENNES, & de Suivants de CEIX.

### PELE'E, CEPHISE, & DORIS.

#### CHOEUR.

*A Imez, aimez-vous sans allarmes,*
*Que vos feux sont charmants, que vos liens sont doux !*
*L'Hymenée, & l'Amour vous prodiguent leurs charmes,*
*Tendres Amants, soyez heureux Epoux.*

#### ALCIONE & CEIX.

*Aimons, aimons-nous sans allarmes,*
*Que nos feux sont charmants, que nos liens sont doux !*

#### CHOEUR.

*L'Hymenée, & l'Amour vous prodiguent leurs charmes,*
*Tendres Amants, soyez heureux Epoux.*

#### CEIX à PELE'E.

*Partage, cher Ami, les transports de mon ame ;*
*L'Hymen va me livrer l'Objet de tous mes soins :*
*Et rien ne manque au bonheur de ma flâme ;*
*Puisque tes yeux en sont témoins.*

*Que ne puis-je te voir plus heureux que moy-même !*

#### PELE'E.

*Est-il un sort plus doux ? Alcione vous aime.*

## ALCIONE.

*Du plus ardent amour mon cœur est enflâmé,*
*Je me plais à brûler des feux qu'il a fait naître,*
*Il n'est point d'Amant plus aimé,*
*Ny d'Amant plus digne de l'estre.*

### PELE'E.

*Infortuné !*

### CEIX.

*D'où naissent ces soupirs ?*

### PELE'E.

*Que les maux qu'en ces lieux a causé ma présence,*
*Ont coûté cher à vos desirs !*
*Que vous avez souffert d'une injuste vengeance.*

### ALCIONE & CEIX.

*Oubliez nos malheurs, partagez nos plaisirs.*

### CEIX à PELE'E.

*Ah ! que ton cœur n'est-il plus tendre,*
*Pour juger du bonheur qui va combler mes vœux ?*
*C'est l'Amour seul qui peut faire comprendre*
*Les plaisirs d'un Amant heureux.*

PELE'E dit seul les quatre Vers suivants.

### ALCIONE, CEIX & PELE'E.

*Que rien ne trouble plus une flâme si belle.*

PELE'E.
A. & C.   *Ah ! que* {*vôtre* / *nôtre*} *chaîne a d'attraits !*

*Qu'elle dure à jamais,*

PELE'E.
A. & C.   *Et* {*vous* / *nous*} *semble toûjours nouvelle !*

# ALCIONE,

**ALCIONE.**

Chantez, chantez, faites entendre
Les accords les plus doux, les sons les plus touchants ;
Par vos plus tendres chants,
Célébrez l'amour le plus tendre.
LE CHOEUR répete *Que rien ne trouble,* &c.

Les EOLIENNES, & les Suivants de CEIX forment le Divertissement.

Un Suivant de CEIX, alternativement avec le Chœur.

Que vos desirs
Puissent toûjours renaître !
Par les plaisirs
Vôtre flâme doit croître.

Qu'à nos amours
L'Hymen seroit à craindre,
Si son secours
Servoit à les éteindre ?

Serrez les nœuds
D'une chaîne si belle ;
Que l'amour heureux
N'en soit que plus fidele.

CEPHISE, & DORIS, à qui le CHOEUR répond.

Dans ces lieux, Amour, tu nous ramenes
Les Plaisirs, les Graces, & les Ris :

C'est aprés des rigueurs inhumaines,
Que tes dons sont cent fois plus cheris ;
Qu'il est doux d'avoir souffert tes peines,
Quand tu viens nous en donner le prix !

## SCENE TROISIE'ME.

### ALCIONE, PELE'E, CEIX,
**& LE GRAND PRESTRE** de l'Hymen qui
paroît avec sa Suite, portant des flâmbeaux
ornez de guirlandes.

**C E I X.**

ON approche : cessez, & qu'un profond silence
Des Prestres de l'Hymen honore la présence.

**P E L E'E à part.**

Ciel ! leur hymen va s'achever !
De ce spectacle affreux, ô Mort ! vien me sauver !

**LE GRAND PRESTRE.**

Le flâmbeau de l'Amour n'a fait naître en vôtre ame
    Que l'esperance, & les desirs.
Le flâmbeau de l'Hymen va par sa douce flâme
    Y faire regner les plaisirs.

Venez, venez, au nom de la Troupe immortelle,
Vous jurer l'un à l'autre une ardeur éternelle.

**ALCIONE & CEIX.**

Ecoûtez nos serments, Arbitres des Humains.
    Vous, qui pour punir le parjure,
    Tenez la foudre dans vos mains ;
    Vous, qu'en tremblant adore la Nature,

*Maître des Dieux…*

ALCIONE, CEIX, & le GRAND PRESTRE.

        *Quel bruit ! Quels terribles éclats !*
*L'Air s'allume ! le Ciel fait gronder son tonnerre !*
    *Quel gouffre affreux s'est ouvert sous nos pas !*
*Tout l'Enfer en courroux sort du sein de la Terre !*

Des Furies sortent des Enfers, saisissent en volant
les flâmbeaux de l'Hymen dans les mains des Prêtres,
    & embrâsent tout le Palais.

### LE GRAND PRESTRE.

*Fuyez ! à vôtre hymen le Ciel ne consent pas.*

### CHOEUR.

*Quel embrasement ! quel ravage !*
*Dieux ! injustes Dieux ! quelle horreur !*
*Laissez-nous du moins un passage ;*
*Laissez-nous fuir vôtre fureur.*

## FIN DU PREMIER ACTE.

ACTE SECOND.

# ACTE SECOND.

Le Théatre repréſente une ſolitude affreuſe,
& l'entrée de l'Antre de PHORBAS, & D'ISMENE.

## SCENE PREMIERE.

### PHORBAS, ISMENE.

#### ISMENE.

 E Roy dans ces lieux va ſe rendre ;
Il a crû que le Ciel traverſoit ſon bonheur ;
    Et c'eſt par nous qu'il veut apprendre
S'il ne peut de ſon ſort adoucir la rigueur.

#### PHORBAS.

Pour le troubler encor, uniſſons-nous, Iſmene ;
C'eſt moy qui vous appris mon Art miſterieux :
Il faut ſervir Pelée, il faut ſervir ma haine
Contre un Prince qui regne où regnoient mes Ayeux ;
Mais il vient ; cachons-nous un moment à ſes yeux.

B

## SCENE DEUXIE'ME.

CEIX sans appercevoir PHORBAS,
& ISMENE.

### CEIX.

Dieux cruels, puniſſez ma rage, & mes murmures,
Frapez, Dieux inhumains, comblez vôtre rigueurs
Vous plaiſez-vous à voir dans mes injures
L'excés du deſeſpoir où vous livrez mon cœur?

Je touchois au moment où la Beauté que j'aime,
M'eût rendu plus heureux que vous ;
D'un extrême bonheur, Dieux! vous étiez jaloux.
Et vous vous en vengez par un ſupplice extrême ;
Mes maux ſont auſſi grands, que mon eſpoir fut doux.

Dieux cruels, puniſſez ma rage, & mes murmures,
Frapez, Dieux inhumains, comblez vôtre rigueur ;
Vous plaiſez-vous à voir dans mes injures
L'excés du deſeſpoir où vous livrez mon cœur?

Il apperçoit PHORBAS, & ISMENE qui s'approchent.

L'injuſte Ciel à mes maux m'abandonne ;
J'ay recours aux enfers, daignez les conſulter.

### PHORBAS.

Que ne renoncez-vous à l'hymen d'Alcione?
Le Ciel vous le défend, pourquoy luy réſiſter?

### CEIX.

Les Dieux ont vainement troublé mon esperance,
Je sens à chaque instant mon amour s'augmenter ;
Et si cet amour les offense,
Je me plais à les irriter.

### ISMENE.

Oubliez la Fille d'Eole,
Il est d'autres Beautez dignes de vos ardeurs ;
L'Amour même consent que la Raison l'immole,
Quand il nous coûte trop de pleurs.

### CEIX.

Pour Alcione, helas ! puis-je estre moins sensible ?
Non, vos conseils sont superflus :
Le malheur que j'éprouve est encor moins terrible,
Que celuy de ne l'aimer plus.

### ISMENE.

Quittez de trop cruelles chaînes,
Ne formez que d'heureux desirs ;
C'est offenser l'Amour, que d'en chercher les peines,
Il ne veut servir qu'aux plaisirs.

### CEIX.

Ne vous opposez point à mon impatience.
Cruels, par vôtre resistance
Voulez-vous aussi me trahir ?

### PHORBAS, & ISMENE.

Vous estes nôtre Roy, c'est à nous d'obeïr.

Vous, dont les misteres affreux
Pour soûmettre l'Enfer sont d'invincibles armes,
Quittez vos antres ténébreux,
Venez vous unir à nos charmes.

*Accourez, hâtez-vous,*
*Nôtre voix vous appelle;*
*Accourez, signalez pour nous*
*Vôtre pouvoir, & vôtre zele.*
CHOEUR de MAGICIENS, & de MAGICIENNES.
*Eprouvez nôtre ardeur fidele;*
*Parlez, commandez-nous,*
*Nous allons signaler pour vous*
*Nôtre pouvoir, & nôtre zele.*
PHORBAS.
*Pour servir vôtre Roy, redoublez vôtre effort.*
*Forcez, forcez l'Enfer à m'apprendre son sort.*
CHOEUR.
*Sortez, Démons, sortez; que tout icy ressente*
*L'horreur, & l'épouvante.*
PHORBAS.
*Transportez l'Enfer en ces lieux,*
*Offrez-nous-en dumoins la terrible apparence;*
*A nos sens effrayez, faites voir tous les Dieux,*
*Dont nous voulons implorer l'assistance.*
Le Chœur repete les six Vers cy-dessus.

Le Théatre devient une image de l'Enfer : On y voit au
fond PLUTON & PROSERPINE assis sur leur Trône ; d'un côté
les Fleuves des Enfers appuyez sur leurs Urnes; & de l'autre les
Parques.
Les Magiciens commencent leurs Cérémonies.
PHORBAS.
*Sévere Fille de Céres,*
*Et toy, des sombres bords formidable Monarque,*
*Vous à qui la fatale barque*
*Ameine à chaque instant mille nouveaux sujets,*
*Ecoutez-nous, Dieux redoutables;*
*Que nos vœux, que nos cris vous trouvent favorables!*

## ISMENE.

O vous, des loix du Sort
Ministres inflexibles,
Puißantes Parques, Sœurs terribles,
Qui tenez dans vos mains, & la vie, & la mort,
Ecoutez-nous, Dieux redoutables,
Que nos vœux, que nos cris vous trouvent favorables!

## PHORBAS, ISMENE, & LE CHOEUR.

Fleuves affreux, qui par vos noirs torrents
Défendez le retour des Royaumes funebres,
Par les Manes plaintifs sur vos rives errants,
Par vos éternelles ténébres,
Par les serments des Dieux, dont vous estes garants,
Ecoutez-nous, Dieux redoutables;
Que nos vœux, que nos cris vous trouvent favorables!

Les MAGICIENS, & les MAGICIENNES
continuent leurs Cérémonies.

## PHORBAS.

Nos vœux sont écoutez dans les Royaumes sombres,
Chantons, chantons le Dieu des Ombres.

## LE CHOEUR.

Que son terrible nom soit par tout célébré;
Tremblez, Mortels, tremblez sous son pouvoir suprême:
Qu'il soit plus craint, plus révéré
Que celuy de Jupiter même.

Les MAGICIENS, & les MAGICIENNES témoignent par
de nouvelles Danses leur joye de ce que l'Enfer les écoute.

PHORBAS, dans l'antousiasme.

Une fureur soudaine a saisi mes esprits ;
Respectez le transport qui de mon cœur s'empare :
L'Avenir se dévoile à mes regards surpris,
    Le secret du Sort se déclare.

Que vois-je ! où suis-je ! ô Ciel ! quels effroyables cris !

à CEIX.

Infortuné, tu perds l'Objet que tu cheris
    Rien ne flechit la Parque trop barbare :
Où t'entraîne l'amour ? arreste … tu peris.

CEIX.
Qu'entends-je ! quel funeste Oracle !

PHORBAS.
Hâte-toy, cours chercher du secours à Claros,
Apollon à ton sort peut encor mettre obstacle ;
Il n'est permis qu'à luy d'assurer ton repos.

CEIX.
Dieu puissant, sauve au moins la Princesse que j'aime !

PHORBAS.
Pars, & cours l'implorer pour elle, & pour toy-même.

CEIX sort.

PHORBAS à ISMENE.

J'ay vû son sort ; son départ va hâter
Les malheurs qu'il croit éviter.

**FIN DU SECOND ACTE.**

# ACTE TROISIE'ME.

Le Théatre repréſente le Port de Trachines,
& un Vaiſſeau preſt à partir.

## SCENE PREMIE'RE.
### PELE'E.

O Mer, dont le calme infidele
Attire les Humains ſur tes perfides flots,
Helas ! les Malheureux qu'a trompez ton repos
Ont mille fois gemi de ta fureur cruelle.

Par l'eſpoir trop charmant de ſes fauſſes douceurs,
L'Amour, comme toy nous engage,
Mais bien-tôt le trouble, & l'orage
Succedent à l'eſpoir dont il flattoit nos cœurs.

O Mer, dont le calme infidele
Attire les Humains ſur tes perfides flots,
Helas ! les Malheureux qu'a trompez ton repos
Ont mille fois gemi de ta fureur cruelle.

## SCENE DEUXIE'ME.

### PELE'E, PHORBAS.

#### PHORBAS.

L'Amour vient de vous faire une faveur nouvelle,
Vous verrez Alcione à vos vœux moins rebelle,
J'écarte le Rival dont son cœur est charmé.

#### PELE'E.

Helas ! pour estre éloigné d'elle,
Il n'en sera que plus aimé.

L'absence d'un Rival flate peu mes desirs,
Rien ne rendra mon sort moins déplorable,
Les maux de ce Rival m'arrachent des soûpirs ;
Je ne puis à la fois estre heureux, & coupable.

Non, pour un cœur que le remord accable
Les faveurs de l'Amour ne font plus des plaisirs.

#### PHORBAS.

Contraignez-vous, on vient. Cette troupe s'appreste
Pour conduire Ceix au Temple de Claros,
Et vient icy par une feste
Implorer la faveur du Souverain des flots.

SCENE TROISIE'ME.

# SCENE TROISIE'ME.

## PELE'E, LE CHEF DES MATELOTS,

Troupe de MATELOTS.

### CHOEUR.

REgnez, Zéphirs, regnez sur la liquide plaine ;
  Qu'en ses prisons Eole enchaîne
  Les terribles Tyrans des airs !

### LE CHEF DES MATELOTS.

Toy, qui tiens dans tes mains le Trident redoutable,
  Ne permets qu'au Vent favorable
  De troubler le repos des mers.

### LE CHOEUR.

Regnez, Zéphirs, regnez sur la liquide plaine ;
  Qu'en ses prisons Eole enchaîne
  Les terribles Tyrans des airs !      On danse.

### UN MATELOT.

  Amants malheureux,
Si mille écüeils fâcheux
  Troublent vos vœux,
Le desespoir est le plus dangereux.
  Quelque vent qui gronde,
L'Amour calme l'onde :
  Peut-on perdre l'espoir
Quand on connoît son pouvoir.

On danse.

C

## UNE MATELOTE.

*Pourquoy craignons-nous*
*Que l'Amour ne nous engage !*
*Si c'est un orage*
*Le calme est moins doux.*
*Suivons nos desirs,*
*Aprés quelques soûpirs*
*On arrive aux plaisirs.*
*Pourquoy perdre un jour ?*
*Mettons à la voile :*
*Nous avons pour étoile*
*Le flambeau de l'Amour.*

On danse.


Les Matelots montent sur le Vaisseau.

## SCENE QUATRIEME.

ALCIONE, CEIX, PELE'E.

### ALCIONE.

*QVoy, les soûpirs & les pleurs d'Alcione.*
*Ne pourront-ils vous arrester?*
*Vous partez!*

### CEIX.

*L'Amour me l'ordonne.*

### ALCIONE.

*Quoy! vous m'aimez, & vous m'allez quitter?*

### CEIX.

*Je tremble pour vos jours, & mon unique envie*
*Est d'écarter les maux qu'on m'a fait redouter.*

### ALCIONE.

*Helas! vous tremblez pour ma vie,*
*Et par vôtre départ vous allez me l'ôter.*

*Mon cœur à chaque instant vous croira la victime*
*Des flots, & des vents en courroux:*
*Je connois l'ardeur qui m'anime;*
*Je mourray des dangers que je craindray pour vous.*

C ij

### CEIX.

*Ah ! plus dans cet amour mon cœur trouve de charmes,*
*Et plus je sens pour vous redoubler mes frayeurs :*
*Laissez-moy sur vos jours dissiper mes allarmes,*
*Et ne craignez pour moy que vos propres malheurs.*

### ALCIONE.

*Consentez donc que je vous suive.*
*Si je cesse de voir l'Objet de mon amour,*
*Comment voulez-vous que je vive ?*

### CEIX.

*Vivez avec l'espoir d'un doux & prompt retour.*

*C'est toy que j'en atteste,*
*Toy, que suit le Soleil sur la voûte celeste ;*
*Astre éclatant, dont j'ay reçû le jour,*
*Je fais de la revoir ma plus chere esperance ;*
*Rien n'est égal à mon impatience,*
*Que mes craintes, & mon amour.*

### ALCIONE.

*Vous partez donc, Cruel ! Dieux, je frémis, je tremble :*
*Est-ce ainsi qu'à mes pleurs s'attendrit un Epoux :*
*Laissez-moy, par pitié, m'exposer avec vous,*
*Du moins, s'il faut souffrir, nous souffrirons ensemble.*

### CEIX.

*Quoy ! je pourrois offrir au Sort*
*Ce moyen d'attenter à votre belle vie ?*
*Au nom des Dieux, perdez cette barbare envie.*

### ALCIONE.

*Au nom de mon amour, ne hâtez point ma mort.*

## CEIX.

*Amour infortuné !*

### ALCIONE.

*Tendresse déplorable !*

### ENSEMBLE.

*Qu'est devenu l'espoir qui séduisoit nos cœurs ?*

### CEIX.

*Dieux cruels !*

### ALCIONE.

*Ciel impitoyable !*

### ENSEMBLE.

*Ah ! deviez-vous troubler de si tendres ardeurs ?*

### CEIX à PELE'E.

*Approche, cher Amy ; tu vois qu'un sort barbare*
*De l'Objet de mes vœux aujourd'huy me sépare.*
*Je confie en tes mains ce dépôt précieux.*

### ALCIONE.
*Vous me desesperez !*

### CEIX à PELE'E.

*Console ce que j'aime.*
*Flate son cœur tremblant, de la faveur des Dieux,*
*Et parle-luy surtout de mon amour extrême.*

*Adieu, chere Alcione.*

### A L C I O N E.

*O funeſtes Adieux !*
*Vous m'abandonnez ?*

### C E I X.

*Dans ces lieux.*
*Je vous laiſſe un Autre moy-même.*

à P E L E'E.

*Pren ſoin d'adoucir ſes tourments.*
*Je t'en conjure encor par mes embraſſements.*

C E I X monte ſur le Vaiſſeau, & part.

# SCENE CINQUIE'ME.

## ALCIONE, PELE'E.

### ALCIONE.

IL fuit . . il craint mes pleurs, ah! cher Epoux, arreste . .
Ciel ! il ne m'entend plus, son vaisseau fend les mers.
    Neptune, écarte la tempeste,
Toy, mon Pere, retien tous les Vents dans les fers.

Helas ! de ce vaisseau que la fuite est soudaine !
Que son éloignement irrite mes douleurs !
    Déja mes yeux l'apperçoivent à peine ;
    Je cesse de le voir . . . . je meurs.

              Elle tombe évanoüie.

### PELE'E.

Que vois-je? de ses sens elle a perdu l'usage.
Dieux! n'est-ce pas assez d'avoir vû son amour?
Me condamneriez-vous à souffrir davantage?
    Dois-je luy voir perdre le jour.
Alcione, Alcione! . . . envain ma voix l'appelle.
Alcione! . . mes soins ne peuvent rien pour elle !
O trop heureux Rival, revien la secourir !
    Revien, quand j'en devrois mourir.

Ah ! si j'ay pû troubler une si belle flâme,
    Que les Dieux m'en punissent bien !
Mille cruels transports s'emparent de mon ame,
Et je souffre à la fois leur malheur, & le mien.

*Alcione!*

ALCIONE reprenant ſes ſens, croyant
entendre CEIX.

*Ceix.*

### P E L E'E.

*Ah! vous croyez encore*
*Entendre cette voix ſi chere à vôtre amour!*

### A L C I O N E.

*Je ne l'entends donc plus cet Amant que j'adore,*
*Eh! pourquoy donc me rappeller au jour?*

### PELE'E & ALCIONE.

*Que j'éprouve un ſupplice horrible!*
*Ciel! ne nous donneẑ-vous*
*Un cœur tendre, & ſenſible*
*Que pour le mieux percer de vos funeſtes coups?*

## FIN DU TROISIE'ME ACTE.

## ACTE QUATRIE'ME.

# ACTE QUATRIE'ME.

## Le Théatre repréfente le Temple de JUNON.

## SCENE PREMIE'RE.

### ALCIONE.

Mour, cruel Amour, fois touché de mes
    peines,
Ecoûte mes foûpirs, & voy couler mes
    pleurs.

Depuis que je fuis dans tes chaînes,
Tu m'as fait éprouver les plus affreux malheurs,
Le départ d'un Amant a comblé mes douleurs;
Mais, malgré tant de maux, fi tu me le ramenes,
    Je te pardonne tes rigueurs.

Amour, cruel Amour, fois touché de mes peines,
Ecoûte mes foûpirs, & voy couler mes pleurs.

D

## SCENE DEUXIE'ME.

### ALCIONE, CEPHISE, DORIS.

#### CEPHISE.

ON prépare le Sacrifice
Qu'en ces lieux à Junon vous voulez faire offrir.
Esperez qu'à vos vœux elle sera propice ;
Tout le Ciel doit vous secourir.

#### ALCIONE.

Il se plaît à me voir souffrir.

#### DORIS.

Vous reverrez bien-tôt l'Objet de vôtre flâme ;
Tout vous doit rendre un doux espoir.
Prévenez les plaisirs dont joüira vôtre ame ;
Goûtez celuy de les prévoir.

#### ALCIONE.

Helas ! loin de ce que j'adore
Mon cœur peut-il bannir la crainte & les soupirs ?
Les tendres cœurs tremblent encore ,
Au milieu des plus doux plaisirs.

#### CEPHISE.

L'Amour pour les ames constantes
N'a pas d'éternelles rigueurs ;
Il ne differe ses faveurs ,
Que pour les rendre plus charmantes.

### DORIS.

*Le Deſtin tour à tour trouble & comble nos vœux ;*
*Son courroux n'eſt pas implacable :*
*Et l'inſtant le plus malheureux*
*Souvent touche au plus favorable.*

### ALCIONE.

*Junon, je n'ay recours qu'à toy :*
*L'intereſt d'un Epoux à tes Autels m'amene ;*
*Tu ſçais que de l'Hymen l'inviolable chaîne*
*A pour jamais engagé nôtre foy.*
*A briſer ce lien rien ne peut me réſoudre :*
*En vain le Ciel ne l'a pas approuvé :*
*Ce ſerment qu'a tantôt interrompu la foudre*
*Nôtre cœur l'avoit achevé.*

### CEPHISE.

*A ſervir vos vœux tout s'empreſſe ;*
*Je vois avec ſa ſuite approcher la Preſtreſſe.*

## SCENE TROISIÈME.

### ALCIONE, CEPHISE, DORIS, LA PRESTRESSE de JUNON,
& la Suite de la Preftreffe.

#### LA PRESTRESSE.

O Toy, qui de l'Hymen défends les facrez nœuds,
  O Junon, puiffante Déeffe ;
Reçois nôtre encens, & nos vœux ;
Et que jufqu'à ton trône ils s'élevent fans ceffe.

#### LE CHOEUR.

O Toy, qui de l'Hymen défends les facrez nœuds,
  O Junon, puiffante Déeffe,
  Reçois nôtre encens, & nos vœux ;
Et que jufqu'à ton trône ils s'élevent fans ceffe.

Les PRESTRESSES danfent autour de l'Autel,
  & y jettent l'encens dans le feu.

#### LA PRESTRESSE.

Reine des Dieux, exauce nos foûhaits,
  Alcione aujourd'huy t'implore ;
Daigne affûrer les jours d'un Epoux qu'elle adore.

#### LE CHOEUR.

Reine des Dieux, exauce nos foûhaits.

#### LA PRESTRESSE.

Commence leurs plaifirs, & termine leurs peines
Aux maux qu'ils ont foufferts, égale tes bien-faits,
  Unis des plus aimables chaînes,
Qu'ils joüiffent par toy d'une éternelle paix.

LE CHOEUR.

*Reine des Dieux, exauce nos soûhaits.*

On entend une Symphonie fort douce.

LE CHOEUR.

*Quels sons charmants ! un Dieu dans ces lieux va se rendre.*

ALCIONE.

*Le Sommeil semble icy verser tous ses pavôts.*
*Ma douleur ne peut m'en défendre.*

LE CHOEUR.

*Cédez aux charmes du repos.*

ALCIONE s'assied sur les degrez de l'Autel.

*Un Dieu même me force à m'en laisser surprendre.*

LE CHOEUR.

*Cédez aux charmes du repos.*

LE SOMMEIL, accompagné des SONGES, paroît sur un lit de pavôts, environné de Vapeurs.

LE SOMMEIL, aux PRESTRESSES.

*Eloignez-vous, & laissez Alcione ;*
*Je vais exécuter ce que Junon m'ordonne.*

## SCENE QUATRIE'ME.

### LE SOMMEIL, LES SONGES, ALCIONE.

#### LE SOMMEIL.

*V*Olez, Songes, volez; faites-luy voir l'orage
　Qui dans ce même inftant luy ravit fon Epoux.
*De l'onde foulevée, imitez le courroux,*
*Et des vents déchaînez l'impitoyable rage.*

*Toy, qui fçais des Mortels emprunter tous les traits,*
*Morphée, à fes efprits offre une vaine image ;*
*Préfente-luy Ceix dans l'horreur du naufrage,*
　*Et qu'elle entende fes regrets.*

*Qu'en luy montrant fon fort, ce fonge affreux l'engage*
*A ne plus perdre icy fes vœux, & fon hommage.*

Les SONGES volent aux deux côtez du Théatre, dont le fond fe change en une mer orageufe, où un vaiffeau fait naufrage : les Songes prennent la forme de Matelots qui periffent, ou qui pour fe fauver s'attachent à des débris ou à des rochers. MORPHE'E paroît avec eux fous la figure de CEIX.

#### CHOEUR de MATELOTS.

*Ciel ! ô Ciel ! quel affreux Orage !*
*Rien ne peut plus nous fecourir.*
*Ah ! quel defefpoir ! quelle rage !*
*Malheureux ! nous allons perir.*

MORPHE'E.

*Ah! je vous perds, chere Alcione:*
*Helas! qu'allez-vous devenir?*

LE CHOEUR.

*La Mer est en fureur, l'Air mugit, le Ciel tone!*
*Grands Dieux! quelles frayeurs! ô Mort, vien les finir.*

MORPHE'E.

*Ah! je vous perds, chere Alcione!*

LE CHOEUR.

*Malheureux! nous perissons tous!*

MORPHE'E en se perdant dans les flots.

*Chere Epouse, mon cœur ne regrette que vous.*

La Mer disparoît, & l'on revoit le Temple de JUNON.

## SCENE CINQUIE'ME.

### ALCIONE s'éveillant en sursaut.

OU suis-je, & qu'ay-je vû ! je perds ce que j'adore,
   Tous les Vents à mes yeux ont soulevé les mers,
Ceix est englouti sous les flots entr'ouverts,
   Je l'ay vû, je le vois encore !

De ses mats emportez, il saisit les débris ;
Inutile secours, Ciel ! faut-il qu'il perisse ?

   Il m'appelle, j'entens ses cris,
Attend, attend.... que l'onde avec toy m'engloutisse.

Que dis-je ! ma douleur a troublé ma raison,
Je ne me croyois plus au Temple de Junon.

Déesse, c'est donc toy qui m'offre cette image,
   Tu viens m'avertir de mon sort ;
   Eh bien ! pour prix de mon hommage
   Acheve, donne-moy la mort.

Mais quoy ! de son amour Ceix est la victime,
Et ma douleur ne peut assûrer mon trépas.
Il meurt, & je respire, ah ! ma vie est un crime
   Que je ne me pardonne pas.

Je descendray bien-tôt sur le rivage sombre,
Et mon dernier soûpir va te prouver ma foy ;
   Je sens que je n'ay plus, chere Ombre,
   Qu'un moment à passer sans toy.

### FIN DU QUATRIE'ME ACTE.

### ✳     ACTE CINQUIE'ME.

# ACTE CINQUIEME.

Le Théatre, couvert des ombres de la nuit,
repréſente un endroit des Jardins de CEIX,
terminé par la Mer.

## SCENE PRE'MIERE.

### ALCIONE, PELE'E, CEPHISE, DORIS.

### ALCIONE.

*Arbares, laiſſez-moy; vôtre pitié m'offenſe,*
*Vous m'arrachez des mains le poiſon, &*
*le fer;*
*Laiſſez-moy, qu'à l'aſpect de la cruelle*
*Mer*
*J'aille chercher la mort, mon unique eſperance.*

E

**P E L E'E.**

Les ombres de la nuit couvrent encor ces lieux ;
Que dans vôtre Palais la raison vous ramene.
      Quand le Sommeil ferme icy tous les yeux,
Vous seule, par vos pleurs aigrissez vôtre peine.

**A L C I O N E.**

Que n'en puis-je mourir ; j'en rendrois grace aux
    Dieux !

**P E L E' E.**

Pour un songe incertain, à quel excés s'engage....

**A L C I O N E.**

Incertain ! quoy , les Dieux pour prix d'un humble
    hommage,
Voudroient-ils imposer aux credules Humains ?
      Non , vôtre doute les outrage ,
Les malheurs que j'ay vû ne sont que trop certains.
Mais je connois aux pleurs que je vous voy répandre ,
Que vous sentez le coup dont mon cœur a fremy ;
      Quand je perds l'Amant le plus tendre
    Vous perdez le plus tendre Amy.

**P E L E' E.**

Helas !

**A L C I O N E.**

      Par mille soins il vous l'a fait connoître ;
    De ses Etats il vous laissoit le maître ,
Il m'a même en partant confiée en vos mains.
Nous partagions son cœur.

**P E L E' E.**

      Reproches Inhumains !
Je sens à chaque mot que je ne suis qu'un Traître.

ALCIONE.

*Vous, un Traître!*

PELE'E.

*Apprenez un criminel amour.*
*Malgré moy vos appas avoient seduit mon ame,*
*Et malgré moy, Phorbas a servi cette flâme ;*
*C'est par luy que Ceïx a quitté ce séjour,*
*Il l'éloignoit pour moy.*

ALCIONE.

*Dieux ! que viens-je d'entendre !*

PELE'E.

*Vengez-vous ; punissez de coupables transports ;*
*Vengez une amitié trop tendre ;*
*Délivrez-moy de mes remords.*

Il se jette aux genoux d'ALCIONE.

*Je recevray la mort comme un bonheur suprême ;*
*Que ce fer arme vôtre bras,*
*Et soulagez par le trépas*
*Un Cœur qui s'abhorre luy-même.*

Il offre son épée à ALCIONE, qui la saisit,
& veut s'en frapper elle-même.

ALCIONE.

*Eh bien, si vous m'aimez, ma mort va vous punir.*

PELE'E, CEPHISE, & DORIS.

*Arrestez, arrestez.*

CEPHISE la desarme.

ALCIONE.

*Pourquoy me retenir?*

## SCENE DEUXIE'ME.

PHOSPHORE dans son étoile.

ALCIONE, PELE'E, CEPHISE, DORIS.

### PEL E'E.

*QUel Dieu descend icy ? quel Astre nous éclaire ?*

### ALCIONE.

*Du malheureux Ceix, je reconnois le Pere.*

### PHOSPHORE, à ALCIONE.

*Ce que le sort m'apprend doit calmer tes allarmes ;*
*Alcione, le Ciel va te rendre mon Fils ;*
*Aujourd'huy, pour prix de tes larmes,*
*Vous devez sur ces bords estre à jamais unis.*

PHOSPHORE remonte au Ciel, & les ombres
de la nuit se dissipent.

## SCENE TROISIE'ME.

### ALCIONE, PELE'E, CEPHISE, DORIS.

#### ALCIONE.

*Qu'ay-je entendu? grands Dieux ! croiray-je cet*
*Oracle?*

#### PELE'E.

*L'Hymen, pour vous unir n'attend plus que le jour.*
*Vous allez estre heureux, & ce cruel spectacle*
*Va me punir de mon amour.*

*Mais non, ne voyons plus des lieux où l'on m'abhorre.*
*Fuyons : pardonnez-moy le feu qui me dévore,*
*Je vais loin de vos yeux expier mes desirs ;*
*Je vais percer ce Cœur qui vous adore,*
*Et je meurs : trop heureux encore*
*Si le Ciel à mes maux égale vos plaisirs.*

Il sort.

#### ALCIONE.

*C'est l'Ami de Ceix ; Ciel ! pour luy je t'implore.*

## SCENE QUATRIEME,

### ALCIONE, CEPHISE, DORIS.

#### ALCIONE.

*REgnez, Aurore, à vôtre tour,*
*Des cieux qu'elle a voilez, chassez la nuit affreuse ;*
*Hâtez-vous d'amener le jour*
*Qui doit me rendre heureuse.*

*Je vois dans ces Jardins mille riantes fleurs*
*Eclore de vos larmes ;*
*Et c'est ainsi que de mes pleurs*
*L'Amour va faire naître un bonheur plein de charmes.*

*Regnez, Aurore, à vôtre tour ;*
*Des cieux qu'elle a voilez, chassez la nuit affreuse ;*
*Hâtez-vous d'amener le jour*
*Qui doit me rendre heureuse.*

L'Aurore éclaire enfin tout le Théatre, & laisse voir
CEIX, que les flots ont poussé sur un gazon.

#### ALCIONE.

*Mais, quel funeste objet a frapé mes regards !*
*Quel est ce Malheureux, victime du naufrage !*
*Vous courriez les mêmes hazards,*
*Cher Epoux, mais les Dieux ont détourné l'orage.*

Elle approche, & reconnoît CEIX.

*Ciel ! que vois-je ? c'est luy !*

Elle tombe entre les bras de ses Confidentes.

CEPHISE, & DORIS.
*Que devient-elle , helas !*
*Ses maux vont luy coûter la vie.*

ALCIONE.
*Non , ma douleur encor ne me l'a pas ravie ,*
*Par pitié , hâtez mon trépas.*

*Est-ce là ce bonheur que je devois attendre ,*
*Et dont les Dieux m'étoient garants ?*
*Vous me rendez Ceix , ah ! barbares Tyrans ,*
*Dieux cruels , est-ce ainsi qu'il falloit me le rendre ?*

*Vous plaisez-vous aux maux des fidelles Amants.*
*Quel trouble ! . . . ma raison s'égare :*
*Je me crois descenduë aux rives du Tenare ;*
*Vien, chere Ombre . . . joüy de mes embrassements :*
*Helas , Egarement funeste !*
*Mon cœur respire encor , malgré tous ses tourments.*
*Je vis , & d'un Epoux , voilà le triste reste !*
*Mais que vois-je ! . . . . . ah ! je touche à mes derniers*
*moments ! . . .*

Elle prend l'épée de CEIX, & s'en frappe.

CEPHISE, & DORIS.
*Ciel !*

ALCIONE.
*C'en est fait , je ne crains plus d'obstacle ,*
*L'Amour a pour jamais disposé de mon sort ;*
*Le Ciel n'a pas envain prononcé son Oracle ,*
*Nous voilà , cher Epoux , réünis par la mort.*

## SCENE CINQUIE'ME·

NEPTUNE fort de la Mer avec toute fa Cour.

### NEPTUNE.

*JE viens vous affranchir de la Parque cruelle,*
*Vivez heureux Amants, d'une vie immortelle,*
*Rien ne peut plus vous feparer ;*
*Les Dieux, touchez d'une flâme fi belle,*
*N'ont permis vos malheurs, que pour les réparer.*
*Vous chafferez les vents de l'empire de l'Onde,*
*Et vous rendrez le calme à mes flots foulevez.*
*Les Alcions naiffants vont eftre aux yeux du monde*
*Un gage du pouvoir que vous en recevez.*

CEIX, & ALCIONE revivent ; des Alcions naiffent
du fang d'ALCIONE, & vont fe placer
fur le Trône de NEPTUNE.

*Du coupable Phorbas j'ay terminé les jours :*
*Il n'eft plus fur ces bords, qu'une Roche effrayante,*
*Des Matelots tremblants, il fera l'épouvante,*
*Et vous en ferez le fecours.*

ALCIONE.

ALCIONE.

*Quoy! je revois Ceix!*

C E I X.

*Je revois Alcione.*

N E P T U N E.

*Aimez-vous, aimez-vous toûjours.*

ALCIONE, & CEIX.

*L'immortalité qu'on nous donne*
*Doit éternifer nos amours.*

N E P T U N E.

*Aimez-vous, aimez-vous toûjours.*

ALCIONE, & CEIX.

*Aimons-nous, aimons-nous toûjours.*

N E P T U N E.

*Chantez, chantez Divinitez de l'Onde,*
*Formez mille concerts charmants;*
*Que vos voix annoncent au monde*
*Le Triomphe de ces Amants.*

Les Dieux de la Mer célebrent l'apotheoze
de CEIX, & d'ALCIONE.

L E  C H OE U R.

*Chantons, qu'à nos chants tout réponde,*
*Formons mille concerts charmants;*
*Que nos voix annoncent au monde*
*Le triomphe de ces Amants.*

FIN DU CINQUIE'ME ET DERNIER ACTE.

F

RRE;
es des
aux,
Nôtre
Hôtel
r DE
phin,
r nos
er au
s DE
nous
enſes
e des
s au-
e for-
ment
ant le
SONS
con-
nême
eſſion
tranſ-
ants;
ateur,
ut où
rſen-
Paris,
n bon
avant
ubli-
nôtre
Pont-
ntenu
cauſe
ment.
pour
feaux
emier
Actes
Haro,
ailles
. Par

lu Roy,

Paris

9 782019 945848